AF370151

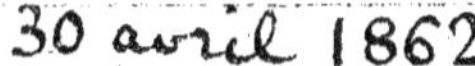

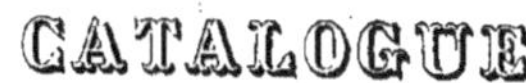

CATALOGUE

DE

DESSINS

D'ANCIENS MAITRES

DE TOUTES LES ÉCOLES

COMPOSANT LA COLLECTION DE M. L...

La plupart de ces Dessins ont figuré
dans les Collections **MARIETTE, REYNOLDS, SCHUTELIN** et autres Cabinets célèbres,

LA VENTE AURA LIEU

HOTEL DES COMMISSAIRES-PRISEURS

Rue Drouot, n° 5

SALLE N° 4

Les Mercredi 30 Avril et Jeudi 1er Mai 1862

A 1 HEURE PRÉCISE

Par le ministère de Me **DELBERGUE-CORMONT**, Cre-Priseur,
rue de Provence, 8,

Assisté de **M. DHIOS**, Expert, rue Le Peletier, 33,

CHEZ LESQUELS SE DISTRIBUE LE PRÉSENT CATALOGUE

EXPOSITION PUBLIQUE

Le MARDI 29 Avril 1862, de midi à cinq heures.

PARIS

RENOU & MAULDE

IMPRIMEURS DE LA COMPAGNIE DES COMMISSAIRES-PRISEURS
RUE DE RIVOLI, 144

1862

DÉSIGNATION

DES

DESSINS

Iʳᵉ VACATION

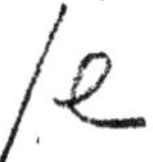

1 — C. MILLAN, MEUSNIER, VRIENDT. Trois dessins.

2 — VLEUGHEL, VAN HOUTEN, SCHUT. Trois dessins ou études.

3 — PANINI, C. GENARI, C. DOLCI. Trois dessins.

4 — POLIDORO, GUERCHIN. Chevaux, étude de tête.

5 — P. MIGNARD. Une bacchante. — PAROCEL. Un triomphe. Deux dessins.

6 — LEBRUN. Melpomène. — LEMOYNE. Étude de femme. Deux dessins.

7 — LESUEUR. Un évêque à la pierre noire rehaussé de blanc. — LEBRUN. Étude à la pierre noire.

8 — GALLI DI BIBIENNA. Architecture. — PANINI. Id.

9 — VAN DYCK. Étude d'un bras; saint Pierre guérit le boîteux. Deux dessins.

10 — PIPI dit *Jules Romain*. Dessin d'après l'antique à la plume et lavé de bistre.

11 — GOTHMANN. — Paysage et bestiaux. Deux dessins.

12 — REHN. Un paysan. — SERGELL, L'Amour et
Psyché. Deux dessins.

13 — DE NUNNERS. Deux paysages.

14 — LEBRUN. Anacréon. — MARRILIER Une Sainte
Famille.

15 — J. C. BRAND. Paysage à la pierre noire.

16 — SCHALCH. Chevaux.

17 — PENHEIMER. Deux études de forêt.

18 — WERTEIN. Sujet mythologique. — SCHRODER. Id.

19 — SPIERRE. Trois petits croquis. — B. PICART. Un
pélerinage.

20 — J. P. HACKERT. Paysage à la sépia.

21 — G. VALLASINI. Deux dessins. Architecture.

22 — L. CARRACHE. La Samaritaine. Dessin à la plume.

23 — G. HAMILTON. Deux dessins à la plume.

24 — E. MARTIN. Vue de la côte d'Afrique.

25 — LAWRENCE, WESTALL. Deux croquis.

26 — CH. DE LA FOSSE. Contre-épreuve d'un dessin ;
tête de femme, étude. Deux dessins.

27 — CL. GILLOT. Dessin à la pierre rouge.

28 — L.-N. BLANCHET. Gladiator Borghèse.

29 — F. BOUCHER. Dessin sur papier bleu.

30 — BOUDEWYNS. Paysage à la mine de plomb.

31 — CH. SCHWARZ. Jésus-Christ entouré de Saints.
Dessin à la plume lavé de bistre.

32 — VOGEL. Vue du Palais-Royal de Lazienky.

33 — A. VAN DICK. Étude de tête. Beau dessin à la
pierre noire.

34 — P. V. BLOEMEN, J. BREUGHEL. Deux dessins.

35 — F. Brecci. Ajax demandant les armes d'Achille.
Dessin à la plume lavé de bistre.

36 — Polidore Caravagio. Un triomphe. Beau dessin
à la plume et lavé.

37 — L. Bellanger. Vue d'un site montagneux. A la
sépia.

38 — Charles XII, roi de Suède. Dessin avec auto-
graphe.

39 — S. Moore. Deux dessins d'architecture.

40 — J. Bellangé. La mort d'Adonis. Croquis à la
plume.

41 — B. Boullogne. Étude d'homme. — Pigalle.
Architecture. Deux dessins.

42 — Perrin. — Paysage à la pierre noire. Autre
paysage. Deux dessins.

43 — J. Holbein. Des lansquenets. Dessin à la plume.

44 — J. Van Artois. Intérieur d'une forêt. Beau dessin.

45 — O. Van Veen. Études à la plume.

46 — P. Caliari dit *Véronèse*. Sujet mythologique.

47 — J. Van der Ulft. Vue de Rome. Beau dessin
au pinceau.

48 — H. Aldegrever. Joueurs de cartes.

49 — A. Carrache. Académie de deux hommes.

50 — P. Farinati. Jacob devant Dieu. Beau dessin
lavé et rehaussé de blanc.

51 — B. Picart. Sujets de la Bible. A la mine de
plomb.

52 — P. Rysbraech. Bataille romaine. Dessin à la
plume.

53 — L. Fiorillo. Bacchus et Ariane. Dessin à la
pierre noire.

54 — L. CARRACHE. Jésus à l'étang de Bethesda. Beau
dessin à la sanguine.

55 — E. LESUEUR. Étude pour une figure drapée. —
C. NATOIRE. Étude. Deux dessins.

56 — J. JORDAENS. Mercure et Argus. Beau dessin à
la pierre noire.

57 — A. MANTEGNA. Un Saint entouré de démons.
Dessin à la plume lavé de bistre.

58 — J. BLANCHET. Études d'amours. — E. LESUEUR.
Étude à la pierre noire. Deux dessins.

59 — A. CARRACHE. Têtes d'hommes et de femmes.
Études à la plume.

60 — POLIDORE CARAVAGIO. Les Hespérides. Beau dessin à la plume, au bistre, rehaussé de blanc.

61 — P VAN DER FAES, dit *Lelly*. — Les ruines d'un
château, dessin à la mine de plomb.

62 — J. BELLANGER. Paysage. Vue de Suède.

63 — J.-B. CORNEILLE. Sujet mythologique. A la plume.

64 — P. BERETINI dit *de Cortonne*. Ajax et Ulysse.
Dessin à la mine de plomb.

65 — J. GHEYN. Sainte Famille. Dessin à la pierre
rouge.

66 — P.-P. RUBENS. Martyre d'un Saint. Dessin à la
pierre rouge.

67 — H.-F. FUGER. Des religieuses. Dessin au pinceau.

68 — AKERSTROEM. Academiæ in Roma, 1788.

69 — A. VAN DYCK. Tête de femme endormie. Aux
divers crayons.

70 — G. DUGHET dit *Poussin*. Paysage. Beau dessin à
la plume.

71 — **La Fage**. Bacchanale. Deux dessins à la plume.

72 — **L. Janpha**. Paysage.

73 — **J.-H. Roos**. Très-beau dessin à la plume.

74 — **La Joue**. Architecture. Dessin à la plume.

75 — **C. Lebrun**. Massacre des Innocents. Dessin à la plume et lavé.

76 — **D.-M. Canuti**. Saint Sébastien. Dessin à la plume.

77 — **L. Carrache**. Tête d'un évêque. Beau dessin à la pierre noire sur papier bleu.

78 — **A. Diepenbecke**. Dessin à la plume.

79 — **A. Van Borsom**. Dessin à la plume.

80 — **B. Franco**. Iphygénie; Didon. Deux dessins.

81 — **Lanfranco**. Un évangéliste. Dessin à la plume et lavé.

82 — **Francisque Millet**. Sujet mythologique.

83 — **H. Giminiano**. Jésus guérissant les malades. Joli dessin lavé et rehaussé de blanc.

84 — **Lafrensen**. Portrait de Gustave III et de son fils. Dessin non terminé.

85 — **Holbling**. Portrait du duc de Sudermanie, depuis Charles XIII.

86 — **B. Picart**. Sujets de la Bible. A la mine de plomb.

87 — **Pigeon**. Marine.

88 — **Schalch**. Chevaux.

89 — **J.-P. Hackert**. Dessin à la plume.

90 — **Lanfranco**. La communion de la Vierge, et sujet du Vieux-Testament. Deux dessins.

91 — **J. Pipi**, dit *le Romain*. Un ensevelissement du Christ. Dessin à la plume.

92 — G. Hoch. Paysage à la pierre noire rehaussé de blanc. — Holbein. Étude, Deux dessins.

93 — M. Kager. Sainte Famille. Superbe petit dessin à la plume et lavé.

94 — M. Lorch. Beau et curieux dessin à la plume.

95 — F. Boitard. Deux dessins.

96 — Défriches. Deux paysages à la mine de plomb.

97 — J. Van der Ulf. Paysage au pinceau.

98 — F. Sneyders. Un piqueur et des chiens. Beau dessin à la pierre noire.

99 — Péronnelli. Deux dessins.

100 — Primatice. Groupe de femmes. A la plume.

101 — Erenstral. Charles XI.

102 — Floding. Portraits d'inconnus.

103 — A. Watteau. Le vieillard amoureux. Dessin à la plume. — C. Vanloo. Tête d'un soldat. Deux dessins.

104 — H. Rigaud. Etudes de draperies.

105 — G. Pillon. Apothéose. A la plume.

106 — J. Klopper. Portrait d'*un inconnu*. Dessin à la pierre rouge.

107 — Knief. Deux vues d'Allemagne.

108 — Robusti, dit *Tintoret*. Un religieux en prière.

109 — G. Passari. Mort de la Vierge. Belle composition à la plume.

110 — P. Vecchia. Croquis de têtes à la plume. — Titien Vecelli. Étude anatomique. Deux dessins.

111 — D. Zampieri Dominiquin. Deux dessins à la plume.

112 — N. Huysmans. Étude d'arbres. — Ch. van Mander. Paysage. Deux dessins.

113 — A. BLOEMAERT. Baptême de J.-C. Beau dessin à
la plume et lavé.

114 — LA FAGE. Deux dessins à la plume.

115 — LA HYRE. Amour. A la pierre noire. Dix dessins.

116 — ALLEGRI, dit *le Corrège*. Apothéose d'un saint.
Beau desssin à la plume.

117 — MICHEL-ANGE AMERIGHI Deux études d'homme.

118 — GUERCHIN. Tête d'une femme. A la plume.

119 — E. LESUEUR. Loth et ses filles. Dessin à la
plume. Au revers, même sujet, traité diffé-
remment.

120 — CH. LAFOSSE. Suzanne au bain. — LEMOINE.
Etude de femme.

121 — PAROCEL. Rencontre de cavaliers.

122 — J. WINCKELMANN Un bas-relief. Deux dessins.

123 — H. MEYER. Paysage avec bestiaux. Joli dessin.

124 — L'ensevelissement de N.-S. Beau dessin à la
plume.

125 — B. WEST. Études de têtes. Deux dessins.

126 — J.-A. SIBANI. Neptune. Beau dessin à la plume
et lavé de bistre.

127 — SOLIMÈNE. Moïse et la fille de Pharaon. A la
plume. — B. TUDESCHI. Têtes de chevaux.

128 — G. ZAMPINI. Triomphe romain. Beau dessin à la
plume.

129 — MARTIN. Funérailles de la reine Louise
Ulrica.

130 — AKERSTROEM. Amour et Psyché. Deux dessins.

131 — B.-P. RUBENS Tête d'un homme. Très-beau
dessin aux divers crayons.

132 — A. VAN DYCK. Saint-Pierre. Dessin à la plume
inconnu. Dessin à la pierre rouge.

133 — L. MARRILIER. Martyre de saint Stéphin et un
sacrifice. Deux dessins aux divers crayons.

134 — OUDRY. Un lévrier. A la pierre noire.

135 — PÉRELLE. Paysage à l'encre de Chine.

136 — T. ZUCHERO. Conversion de saint Paul. Dessin
à la plume. Junon. A la pierre noire rehaussée de blanc. Deux dessins.

137 — F. ZUCHERO. Polymnie. Dessin à la plume et
lavé de bistre.

138 — B. SCHIDONE. Trois Saints. Dessin à la plume
et lavé de bistre.

139 — J.-H. SCHOMFELD Sujet mythologique. Beau
dessin lavé de bistre.

140 — F. SUSTER. Jésus donnant les clés de l'église à
saint Pierre. Très-beau dessin à la plume,
lavé et rehaussé de blanc.

141 — E. VEIROTTER. Joli Paysage à la sanguine.

142 — VERMONT. Sujet historique à la plume.

143 — G. PILON. Le Festin des Dieux. Croquis à la
plume.

144 — LEBRUN. Un terme. Joli dessin lavé à l'encre de
Chine.

145 — VAN DER MEULEN. Étude. — PAROCEL. Bataille.
Deux dessins.

146 — BELLANGER. Vue prise à Stockholm.

147 — N. COYPEL. Étude aux divers crayons.

148 — F. DOYEN. Sujet mythologique et morceau de
plafond. A la pierre rouge et lavé. Deux
dessins.

149 — CASANOVA. Paysage, à la pierre noire rehaussé
de blanc.

150 — P.-P. RUBENS. Ensevelissement du Christ.
Beau dessin aux divers crayons.

151 — A. VAN HAAN. Deux dessins : Vues de Rome.
A la plume et au bistre.

152 — P. SNAYERS. Croquis à la plume.

153 — L. CARRACHE. Sujet de l'Histoire ancienne.
A la plume et lavé.

154 — J. PIPI, dit *le Romain*. Une Présentation au
Temple. Dessin à la plume.

155 — F. ALBANE. La Vierge et Jésus. Croquis à la
plume et lavé.

156 — RAPHAEL SANZIO (école de). Un Christ et étude
de Vierge. Deux dessins.

157 — REHN. Paysage et intérieur d'un temple. 2 dessins.

158 — MARTIN. Vues de Suède. Deux dessins.

159 — NORDQUIST. Deux dessins.

160 — J. DUCHESNE. Tête de vieillard. A la pierre
noire. Au revers autre tête de vieillard.

161 — LAFAGE. Sujet mythologique. — E. LESUEUR.
Étude d'un ecclésiastique. Deux dessins.

162 — MALER. Paysage à la pierre noire. — K. PEN-
HEIMER. Étude d'arbres. Deux dessins.

163 — J.-G. WILLE. Deux dessins à la pierre rouge.

164 — WINKELMANN. Dessin d'après l'antique. —
PENHEIMER. Étude de forêt.

165 — J. ROTTENHAMMER. Sujet religieux A la plume.

166 — RAPHAEL (d'après). Construction de l'Arche.
Dessin à la pierre rouge. — ECOLE ITALIENNE.
Sujets mythologiques. A la plume. Dix
dessins.

167 — Robusti, dit Tintoret. Assuérus chez Esther. Dessin à la plume.

168 — P. Mola. Jugement de Salomon. Dessin à la plume.

169 — F. Mazzuola, dit *Parmesan*. Tête d'un homme et figure académique. Deux dessins à la plume.

170 — A Van Dyck. Esquisse pour un portrait et portrait du conseiller Van der Guert. Deux dessins au pinceau et à la pierre noire.

171 — Van Haese. L'Adoration des bergers. Deux dessins à la plume

172 — Inconnu. Ecole italienne. Martyre de saint Sébastien. Beau dessin à la plume et lavé.

173 — Inconnus. Ecole italienne. La Vierge et un paysage. Deux dessins à la plume.

174 — Inconnus. Même école. Deux croquis : Frise de Niobé et Résurrection d'un enfant par un saint. Quatre dessins.

175 — Inconnus. Même école. Allégorie et Baptême de Notre Seigneur. Deux dessins.

176 — Inconnus. Même école. Un Lion, la Mort d'Adonis, sur parchemin ; la Vierge. Trois dessins.

177 — Inconnus. École française. Étude d'arbres, Mort de Vitellius Germanicus. Deux dessins.

178 — Inconnus. Même école. Un Berger et une bergère, le Siége d'une ville. Deux dessins.

179 — Inconnus. École italienne. Deux études à la pierre rouge.

180 — Inconnu. Même école. Tête de Mercure à la pierre noire.

2ᵉ VACATION

181 — A. TEMPESTA. Conversion de saint Paul. Dessin
à la plume.

182 — A. ALBINI. Esther et Assuérus. Dessins à la
pierre rouge, rehaussés de blanc.—INCONNU.
Figures de femmes.

183 — HORBERG. Le Reniement de saint Pierre. —
AREEN. Portrait d'une jeune fille.

184 — INCONNU. Hercule et Omphale. A la plume.

185 — DALL. Paysage. — BOIZOT. Étude. — DEPORTES.
Un Aigle.

186 — LESUEUR. Deux études de moines.

187 — PATER. Étude.—FRAGONARD. Étude d'un fleuve.
— LEBRUN. Diverses études.

188 — B. PICART. Esculape. — N. POUSSIN. Quatre
petits croquis à la plume.

189 — PANINI. Dessin d'architecture.

190 — F. ZUCCHARO. Études pour une Gloire.

191 — POLIDORE. Modèle pour un calice. — JEAN
CAVIDONE. Figure d'un homme. A la pierre
rouge rouge rehaussée de blanc.

192 — MARTIN. Intérieur d'un arsenal.

193 — M. CORNEILLE. L'école d'Athènes. Beau dessin
à la pierre noire.

194 — C. NATOIRE. Étude de femme, vue de dos. Aux
divers crayons. — THIBAUT. Un paysage.

195 — J.-B. OUDRY. Nature morte. Dessin à la pierre
noire sur papier bleu.

196 — SCHALCH. Études de chevaux.

197 — J.-P. HACKERT. Une vue. Dessin à la plume. — INCONNU. Groupe de diverses figures, à la pierre noire. Deux dessins.

198 — J.-H. ROOS. Un bœuf. Étude à la pierre noire.

199 — POLIDORE CARAVAGGIO. Études diverses à la plume et légèrement lavées.

200 — P. CALIARI, dit *Véronèse*. Apothéose d'un saint. Dessin à la plume.

201 — PASSIGNANO. La mort de Jules César. — A. CARRACHE. Religieux en prière. Croquis.

202 — POLIDORE CARAVAGGIO. Modèle pour un calice et sujet de l'Histoire romaine. Dessin au bistre rehaussé de blanc.

203 — V. UDEN. Paysage à la plume et groupe d'arbres. Deux dessins.

204 — HAUSMANN. Portrait d'un inconnu. — MARTIN. Une vue.

205 — PASCH. Portrait du professeur d'Hemberg. — AKERSTROM. Portrait d'une femme.

206 — ANKERSWARD. Deux paysages.

207 — E. LESUEUR. Un ecclésiastique. Dessin à la pierre noire. — ZUCCHARO. Architecture.

208 — B. PICART. Divers sujets de la Bible.

209 — N. POUSSIN. Étude de draperies et Coriolan.

210 — H. RIGAUD. Études de draperies.

211 — J.-H. ROOS. Un bœuf, à la pierre noire.

212 — SPAET. Dessin à la plume.

213 — M. TUSCHER. Morceau de plafond. Dessin à la plume.

214 — MICHEL-ANGE AMERIGHI. La Scène. Dessin à la plume et lavé.

215 — POLIDORE CARAVAGGIO. Un triomphe. Dessin à la
plume.

216 — P. CALIARI, DIT VÉRONÈSE. Saint-Pierre. Beau
dessin à la plume et lavé.

217 — L. CARRACHE. Sujet d'histoire. Ancien dessin à
la plume et lavé.

218 — VAN DER ULFT. Vue de Rome. Beau dessin.

219 — GUSTAVE, ROI DE SUÈDE. Deux dessins.

220 — FRÉDÉRIC, DUC D'OSTROGOTHIE. Un dessin. —
COMTE PIERRE BRAHE. Un dessin.

221 — MARTIN. Vue de Terracine.

222 — MARTIN. Une apothéose. Une rue de Londres.
Deux dessins.

223 — INCONNUS. Deux dessins d'architecture pour un
autel.

224 — AUSAINE, maître de dessin de Louis XIV. Deux
vues. Jolis dessins.

225 — BOITARD. Deux dessins.

226 — F. BOUCHER. Amours. Dessin à la pierre noire.

227 — H. ROOS. Paysage avec animaux. Très-belle
composition.

228 — SCHALCH. Chevaux.

229 — L. CRANACH. Scène de la Passion.

230 — H. ROOS. Paysage à la pierre rouge.

231 — L. CARRACHE. Morceaux de plafond.

232 — E. FIALETTI. Le Calvaire. Beau dessin à la
plume.

233 — ROBUSTI, dit *Tintoretto*. Étude de deux hommes
à la pierre rouge.

234 — P. TESTA. Assemblée des Dieux. Beau dessin
à la plume.

235 — F. Zucchero. Étude pour un plafond.

236 — Inconnu (*École italienne*). Destruction des temples païens. Beau dessin à la plume.

237 — R. Savery. Paysage à la plume.

238 — A. Van Dyck. Portrait de Rubens.

239 — P. Donkers. Guerriers romains. Dessin à la plume.

240 — Lemske. Gus'ave Adolphe et ses généraux. Quatre dessins à la plume très-finement touchés.

241 — Rehn. Un paysage. — Pilo. Tentation de saint Antoine.

242 — Breda. Couronnement de Charles XII, roi de Suède. — H. Roos. Bestiaux. Un dessin.

243 — Valentin. Maraudeurs.

244 — S. Bourdon. Mausolée. — Courtalon. Joseph et Putiphar. Deux dessins.

245 — Lafage. Sujet mythologique. — La Rue. Un sacrifice.

246 — F. Lemoyne. Étude. — Natoire. Autre étude de tête.

247 — Duverger. Paysage avec bétail. Effet de nuit. Roux père. Vaisseau à la voile. Aquarelle.

248 — P. Roos, dit *Rosa de Tivoli*. Un paysage à la plume.

249 — Polilore, dit *Caravaggio*. Études à la plume.

250 — H. Schomfeld. Sujet mythologique.

251 — L. Carrache. Morceau de plafond. A la plume.

252 — A. Mantegna. Sujet d'histoire romaine. Dessin à la plume et lavé.

253 — C. Marati. Une Annonciation. Beau dessin.

254 — J. Pipi, dit *le Romain*. Dessin fait pour un monument.

255 — P.-P. Rubens Étude de tête. Beau dessin aux
divers crayons.

256 — Inconnu (*École flamande*). Un Christ. Beau dessin à la pierre noire.

257 — Hilair. Une fête turque. A l'aquarelle.

258 — F. Boucher. Sujet mythologique. A la pi rre
noire.

259 — Lafage. Moïse. Dessin à la plume. — Bourgui-
gnon. Deux dessins.

260 — Lebrun. Allégorie sur la France et l'Italie.

261 — École italienne. Une étude à la plume. — Lafage. Jésus-Christ et un ange.

262 — F. Hackert. Une vue à la sépia. .

263 — Inconnu. Tête d'un homme. Étude.

264 — Inconnu. Vue d'une ville anglaise.

265 — Rottenhammer. Le jugement dernier.

266 — Weitsch. Portrait du graveur Bause.

267 — Rosa de Tivoli. Paysage. — Rottenhamer. Da-
rius et Alexandre.

268 — Maratti. Une Annonciation. — Polidore. Sujet
d'histoire ancienne.

269 — P. Beretini. Sujet de la mythologie.

270 — Polidore. — Dessin en forme de frise et croquis à la pierre rouge.

271 — P. Caliari, dit *Véronèse*. Étude d'une femme.
A la pierre rouge.

272 — Le Cangiage. Une présentation au temple. A la
plume.

273 — D. Campagnola. Paysage à la plume.

274 — Van der Faes, dit *Lelly*. Dessin à la plume et lavé de bistre.

275 — Van der Meulen. Vue d'une ville. A la pierre rouge.

276 — Drolling. Scène d'intérieur. Joli dessin à la plume et lavé.

277 — P.-P. Rubens. Saint Jean prêchant. A la pierre noire.

278 — F. Snyders. Une chasse au cerf. Dessin à la plume.

279 — Akerstrom. Diverses figures. — Areen. Tête d'une jeune fille.

280 — Casberg. Une victoire. — Ehrenstrahl. Portrait d'un inconnu.

281 — Gladberg. Saint Laurent. Études de têtes.

282 — Helletsrom. Paysage.

283 — École française. Allégorie : reddition de Calais. Deux dessins.

284 — Lahyre. Étude à la pierre noire rehaussée de blanc.

285 — Lebrun. Polymnie. — Marriliez. Une victoire. Dessin à la plume.

286 — F. Lemoyne. Le crucifiement. Beau dessin à la plume.

287 — E. Lesueur. Les noces de la Vierge. Beau dessin à la plume et lavé.

288 — E. Weirotter. Un paysage.

289 — L. Sciarpelloni, dit *le Credi*. Deux sujets sur parchemin ; très-curieux dessins.

290 — Perin del Vaga. Diverses études à la plume.

291 — L. Carrache. Dessin pour un monument.

292 — L. Carrache. Figure mythologique. A la plume
et lavée sur papier bleu.

293 — Césari, dit *le Joséphin*. Sujet de l'histoire ancienne.

294 — G. Chiarri. Une bénédiction. A la plume.

295 — Cignani. Sujet de l'histoire romaine. A la plume,
lavé d'encre de Chine.

296 — A. Van Dyck. Etude de tête. Dessin à la pierre
noire.

297 — Ehrenstrahl. Une apothéose. — Fahlenrantz.
Étude d'arbre.

298 — Horberg. Enseignement de la peinture.

299 — Siloustrale. Paysage.

300 — La Vulpe. Le jugement dernier, de Michel-
Ange. Superbe dessin à la mine de plomb.

301 — Desprez. Vue de Stokholms. Beau dessin à
l'aquarelle.

302 — Desprez. La bataille navale de *Hoglanden*, 1788.
Immense composition à l'aquarelle.

303 — J. Lutke. Porte triomphale de Berlin. Beau
dessin à l'aquarelle.

304 — F. Curia. Figures allégoriques.

305 — B. Franco. Sujet historique.

306 — H. Roos. Joli paysage avec animaux.

307 — Magiatto. Études de têtes à la pierre noire.

308 — Massari. Des amours. Deux dessins à la pierre
rouge rehaussés de blanc.

309 — A. Carrache. Paysage à la plume.

310 — Le Prince. Des amours. Dessins à la pierre
noire. — Pirelli. Paysage.

311 — F. Verdier. Baptême du Christ.

312 — École française. Une sainte Famille, une figure
drapée. Étude.

313 — MAZUOLA, dit *Parmesan*. Figure académique.

314 — PASSIGNALO. Vision d'un religieux. Curieux dessin à la plume et au bistre.

315 — PELLEGRINI. Amours avec guirlandes,

316 — PONTE, dit *le Bassan*. Adoration des bergers.

317 — J. PIPI, dit *le Romain*. Dessin à la plume.

318 — ROBUSTI, dit *Tintoret*. Martyre d'un saint. Dessin à la plume et lavé.

319 — F. ROSSI, dit *Salviati*. Un homme dansant.

320 — RAPHAEL SANZIO. Trois figures drapées.

321 — ANNIBAL CARRACHE. Paysage. Beau dessin à la plume.

322 — ZAMPIERI DOMINIQUIN. Étude d'un homme.

323 — ECOLE ITALIENNE. Ajax et Ulysse.

324 — IDEM. 25 dessins modernes. Vues d'Italie.

325 — MARTIN. Vue de l'ermitage de Painshill. Dessin à l'aquarelle.

326 — WINKELMANN. Deux dessins d'après l'antique.

327 — Un carton de dessins chinois.

328 — MUTIANO. Un saint écrivant. — AKERSTROEM. Portrait de femme.

329 — FABLET. Paysage à la plume.

330 — INCONNU. Études de têtes à la plume. — SERGELL. Amour et Psyché.

331 — AREEN. Tête de femme. — AKERTSROEM. Croquis à la mine de plomb.

332 — H. ROOS. Études de chiens. — SERGELL. Portrait d'homme.

333 — LIMMEL. Festin des dieux. A l'aquarelle.

334 — H. ROOS. Un bœuf. A la pierre noire.

RENOU et MAULDE, imprimeurs de la Compagnie des Commissaires Priseurs, rue de Rivoli, 144.   11100